Yedjè Oscar Saturnin Tchewon

J'ai arraché le cœur de mon père

Yedjè Oscar Saturnin Tchewon

J'ai arraché le cœur de mon père

Éditions Muse

Imprint

Cover image: www.ingimage.com

Publisher:
Éditions Muse
is a trademark of
Dodo Books Indian Ocean Ltd. and OmniScriptum S.R.L publishing group

120 High Road, East Finchley, London, N2 9ED, United Kingdom
Str. Armeneasca 28/1, office 1, Chisinau MD-2012, Republic of Moldova, Europe
Printed at: see last page
ISBN: 978-620-4-96456-0

J'AI ARRACHÉ LE CŒUR DE MON PÈRE

Oscar Yedjè

J'ai arraché le cœur de mon père

(Roman)

J'ai l'immense plaisir de dédier cet ouvrage,

À mon père ***TCHEWON Venance Alban****, celui-là même qui ne s'est jamais épuisé à travailler mains et pieds pour ma réussite.*

À mes mères, Mangnon Celestine et Gohou Guihi Iréné.

À mes frères, Jean Christ O. Moïse Mandet etc.

À l'oncle, Tio Yves Leroux.

À papa Droh dit papa la joie.

À mes amis de classe qui m'ont toujours donné espoirs, Baibo Patrick, Kim G. Kathy, Laurys Gbohouo, Éric M. Bayé.

À mes pères dans le Seigneur, GÉNÉRAL Agbaossi Mandet du Ministère de Délivrance Péniel Côte d'Ivoire, chargé Achil GBOH Médard, Guyzo Séatizy, Prophète Abakuk Kan.

À ma mémé Kanon Madelène

À mes ainés, Joël Deli, Roussou Guei,

Rodrigue Baleroux Guei, Djih Landry, Ange Guénolé Zozan, Kei Narcisse, Michel Zotissé dit le Tpz.

À mes généreuses mamans, Gohou Ange Nadège, Inès, Tio Lydie, Apkaffi Flore

À mes professeurs, Kalohoué Elvis, Gouagon Michel et son épouse…

À mes amis depuis le Campus Universitaire de l'UVCI

J'ai arraché le cœur de mon père

(Roman)

Il était une fois, dans le village de Gloka, vivait un homme de grande connaissance nommé Oulidehi. L'homme était brave, intelligent et courageux. Il prend du courage dans toutes ses activités. À cette époque, la vie semblait difficile par manque de moyens financiers. Très peu de gens étaient riches. La misère était si grande que tout le monde faisait de petits travaux pour subvenir au moins à son pain quotidien.

Bien que Oulidehi soit audacieux, il n'a pas de femme, mais il a atteint l'âge adulte. L'idée d'avoir une femme est l'une de ses pensées les plus désirées. Comme le disent les Écritures, celui qui trouve une femme a trouvé le bonheur. La peur d'approcher une dame lui posait un vrai problème.

Princia est une très belle femme, qui réussit bien dans les affaires. Elle commerce petit à petit pour subvenir à ses besoins. Audacieuse et débridée, tous les hommes la poursuivaient. Elle avait la peau claire sans aucun défaut. Ce rythme a suscité quelques émotions chez Oulidehi. Il voulait l'épouser de tout cœur. Jour après jour, les désirs d'aimer Princia le tourmentaient.

Au vu de son amour pour elle, il venait la voir tous les jours, et lui apportait parfois des grappes de fleurs en signe d'amour, mais cela ne suffisait pas à apprivoiser le cœur de cette femme qui le hantait jour après jour. Il reste souvent avec elle toute la journée juste pour laver son amour pour elle. Il l'aime profondément, mais il est timide, il ne peut pas obtenir son cœur si rapidement. Chaque fois qu'il allait la voir, il était noyé dans le silence. Sa peine d'amour était énorme alors l'on se demandait :

Princia acceptera-t-elle d'aimer un homme qui cache ce qu'elle a besoin de savoir ?

Le cœur de Princia est très dur, et il n'y a aucun moyen de comprendre si rapidement la vision et l'ambition d'Oulidehi pour elle. Elle le soupçonne parce qu'elle pense aussi qu'il pourrait l'abandonner plus tard pour une raison quelconque. À ce moment-là, Oulidehi a commencé à avoir des doutes et de la douleur. Il se dit que l'amour n'est pas un combat car il pense avoir trouvé le sourire qui remplit son cœur d'un sourire. Du jour au lendemain, le sentiment de l'aimer occupa tout son corps, et il ne pouvait pas le lâcher. Princia le taquinait parfois devant ses amis, ne pensant jamais qu'un jour il serait l'homme de sa vie. Mais Oulidehi espère toujours et n'est pas découragé par les insultes de ses amis. Pour lui, chaque jour est malheur et la nuit est douleur. Elle lui joue des tours et le rend fou amoureux. Il y a en effet des épines sur la route de l'amour. Mais si l'amour l'emporte sur tout, alors d'où vient cette douleur qui rend toujours Oulidehi malheureux ? Est-ce cela que signifie le véritable amour ? Princia acceptera-t-elle un jour l'amour d'Oulidehi ? Et oui ! Elle commença à l'aimer avec sincérité. Ses amis sont impressionnés par sa nouvelle vie.

Après un certain temps, la vie devient plus difficile et trouver de la nourriture est une douleur.

La pluie s'est arrêtée et je me suis souvenu que le soleil séchait la terre et ses contenants. Les forts deviennent faibles. À ce moment-là, la grâce du Créateur resta suspendue entre le ciel et la terre. La famine afflige les gens sans exception. Tout le monde subissait le même sort. Le bonheur est parti. Les gens du village pleuraient jour et nuit… En pensant à leur propre souffrance, quels sacrifices ont-ils consentis ? Seul Dieu peut mettre fin au joug de la sècheresse.

Après des mois de souffrance, un miracle miséricordieux s'est produit. Il a commencé à pleuvoir. Il a plu pendant trois jours sans arrêt. Le sol était arrosé. Les arbres verts sont de retour avec beauté. Nous comprenons que sans eau, tout n'est que poussière et désolation. Celui qui contrôle l'eau contrôle la vie, et contrôle tout ce qui dépend de l'eau. Vous pouvez vivre sans argent, vous pouvez être une femme, vous pouvez vivre sans un homme, mais vous ne pouvez pas vivre sans quelque chose qui vous permet de respirer et d'aspirer. L'eau, est essentielle à tout ce qui respire.

Des années ont passé et Princia, qui détestait autrefois notre cher ami, a finalement décidé de lui donner son cœur. Elle a remplacé la douleur de son cœur par la douceur et le bonheur du véritable amour. Elle l'aime beaucoup et promet de l'aimer pour toujours. Pour le meilleur ou pour le pire, elle promet d'être toujours là pour lui.

Princia et Oulidehi vivent ensemble depuis sept ans, mais ils n'ont pas d'enfants. Oulidehi ne comprenait pas du tout ce qui se passait. Il était triste et frustré. Il ne savait plus quoi croire. Parfois, il pense :

— Qu'ai-je fait à Dieu qui a refusé de me donner un enfant ? Si je n'ai pas d'enfants, que va-t-il m'arriver dans mes dernières années, quel genre de souvenir vais-je laisser dans ce monde ? Je serai toujours là, jaloux des enfants des autres. Ô mon Dieu, prouvez-moi que vous êtes à moitié sérieux…

Il supplie toujours sa femme de lui donner un enfant pour prouver qu'elle l'aime. Il a oublié que c'était à Dieu et non à sa femme d'en décider. Un de ses amis nommé Joy lui donnait souvent des conseils :

— Mon ami ! L'enfantement est un mystère. Seul Dieu peut faire quelque chose. Restez calme car le Seigneur miséricordieux qu'il est, est responsable de toutes les situations pour ceux qui l'adorent. Un jour tu seras heureux…

Avec la persuasion de ses amis, Oulidehi a retrouvé l'espoir. Mais quand l'espoir persiste longtemps, il perd son existence. Plusieurs amis le conseillèrent de consulter un sorcier ou un marabout pour ses problèmes, car pour eux sa femme était stérile et l'affaire était mystérieuse. Même si elle l'était, sa fécondité dépend de Dieu et non de l'homme. À cette époque, Glazai était le grand sorcier du village. Tous les habitants du village le pourchassaient pour de nombreux problèmes contraires à la vie. Selon eux, Glazai peut tout faire. Ils le considéraient même comme un demi-dieu. L'appréciation le fortifie et lui donne plus de gloire dans son travail d'idolâtre. Un jour, Oulidehi s'est levé tôt le matin, et a eu l'idée d'interroger Glazai sur son problème. Glazai lui a demandé deux poulets noirs et une horrible somme d'argent. Quant à Glazai, il les offre en sacrifice à son fétiche. Deux jours plus tard, Glazai lui donne un canari contenant un mélange de plusieurs liquides et a ordonné à sa femme de le boire pendant trois jours. Il lui rassura que, si Dieu le voulait, sa femme aura des enfants. Même les sorciers connaissent l'existence de Dieu ? Alors, pourquoi ne pas simplement aller vers ce Dieu pour résoudre parfaitement nos problèmes ?

Les ordonnances du sorcier ne sont pas respectées par Princia parce qu'elle est chrétienne et professe sa foi à chaque instant où elle médite sur la Bible. Oulidehi, en colère, porta main pour la première fois à sa chère épouse. Lors de cette correction, elle s'est repentie et a mis en pratique la prescription du sorcier pour résoudre son problème. Compte tenu de son infertilité, son mari ne dort plus chez lui tous les jours. Il a cessé ses obligations conjugales. Même les salutations qui donnaient de l'espoir à sa femme dans la vie étaient rares.

Vanessa est une fille de la campagne qui a également semé la discorde dans de nombreuses familles. Elle était géniale à tous points de vue. Voyant que sa femme était stérile, Oulidehi eut cette mauvaise idée de s'approcher de la jeune fille, faisant d'elle sa seconde épouse pour lui donner un enfant.

Les choses ne sont plus parfaites. Vanessa savait qu'Oulidehi avait une femme qui ne pouvait pas lui donner d'enfants. Elle a trouvé une aubaine à lui voler son homme. Le bouche-à-oreille répandit la nouvelle parmi les villageois. La maison de Princia peut rapidement perdre de sa valeur. Mais malgré cela, elle ne s'inquiète pas de cette bêtise et fait toujours confiance à Dieu. Pendant ce temps, Vanessa a repris le cœur de son mari et il ne la voit plus comme une épouse. Mais notez bien, la jeune demoiselle prétendue être la seconde épouse plia bagage à cause des prières violentes que Princia adressait à son Dieu.

Les moyens n'étaient plus comme auparavant. Trouver de la nourriture était devenu un problème pour eux et la famine devenait un fardeau intolérable. La vie devenait de plus en plus difficile. Ils s'égaraient. Malgré toute cette souffrance, Princia n'accusait pas son mari d'avoir dilapidé ce qu'ils possédaient. Voyant la douleur de la misère, Oulidehi est allé chez l'entrepreneur en construction Dessio pour travailler comme assistant, qui dans notre jargon s'appelle ***manawa****. Pour un jour, il devait avoir cinq cents francs CFA au lieu de mille francs comme ration. Sa femme est allée de restaurant en bar à la recherche de boulot. Plusieurs jours passent, elle ne trouve toujours rien. Elle a donc décidé de prendre du recul. Le soir même, Oulidehi annonce la nouvelle à sa femme qui est ravie. Le salaire minimum de son mari les soutenait toujours. Tôt le matin, Princia repartit chercher du travail. Son mari est également parti. Faire le boulot d'assistant maçon n'était pas du tout facile mais comment pouvait-il s'en sortir sans ce boulot ? La seule solution était le courage.

Peu à peu le soleil entra dans sa demeure, et les ouvriers revinrent avec cinq cents francs chacun comme leurs rations. Les salaires n'ont jamais rempli leur cœur d'enthousiasme. Malgré le travail acharné, ils sont mal payés. La fatigue dans leurs yeux est palpable à cause des paumes enflées. Chacun est revenu avec ce qu'il méritait. Le salaire de Oulidehi plait à sa femme, car ils vont bientôt diner. Quant à elle, elle n'a toujours rien trouvé. Ce qui est rassurant, c'est que ce soir, ils vont manger. Même s'ils ne mangent pas comme ils le devraient, c'est quand même mieux que de danser toute la nuit devant le tampon.

À la tombée de la nuit, Princia appelle son mari et lui dit :

— Chéri ! J'espère que nous pourrons économiser au moins cent francs sur votre salaire journalier afin que nous puissions l'utiliser longtemps.

— Oui, c'est une bonne idée. Il a répondu.

Cette fois, la nuit ne semble pas être si longue.

Tôt le matin, Oulidehi a enfilé ses vêtements de travail. Sa femme est repartie pour trouver du travail. En Afrique, nous avons toujours eu des femmes capables et cela nous rend fiers.

Déjà sur le chantier, les travaux ont commencé. Le ciment se mouille, le béton coule et les briques s'inclinent de gauche à droite. Avec toute l'attention, l'un des ouvriers, Zoumah, a accidentellement laissé tomber une brique sur les pieds d'Oulidehi, et Oulidehi a rugi dans les airs.

Oh ! Ça fait mal ! Il pleure. La douleur était intense, mais Zoumah n'a présenté aucune excuse à la victime. Après que la douleur s'est calmée, Oulidehi s'est jeté sur Zoumah et a commencé à le battre jusqu'à ce qu'il vomisse du sang. Le contremaitre a tiré Zoumah pour le secourir. Son visage saignait. Il a été gravement battu. Il ramassa une autre brique et essaya de la jeter sur la tête d'Oulidehi, mais les gens l'arrêtèrent pour apaiser sa colère.

Son cœur était toujours plein de colère et de vengeance. Il s'est rendu au poste de police de la ville et a porté plainte. L'affaire semble sérieuse ! Deux policiers sont arrivés sur les lieux et ont appréhendé le suspect. Lorsque le chef de chantier et les ouvriers ont vu arriver la police, ils se sont enfuis les uns après les autres. D'autres travailleurs se sont enfuis dans les buissons. Malheureusement pour Oulidehi, un flic costaud a attrapé sa colle. Oulidehi tomba sous le poids de tout son corps. La police l'a ligoté sans lui poser de questions et l'a fait monter dans une voiture jusqu'au commissariat. Oulidehi est arrivé au poste de police et a raconté au commissaire Bossian tout ce qui s'était passé. Le commissaire n'ayant pas analysé son raisonnement, décide de l'enfermer un moment. Pendant tout ce temps, Princia ne savait rien.

Il était tard et son mari n'était pas encore rentré. Un sentiment d'appréhension envahit son esprit. Elle ne savait pas quoi toucher. Nous sommes environ 19 h 30.

Comment faire ? Elle enfila son short et courut rapidement chez Dessio le maçon.

— Qui a-t-il madame ? Demanda Desio.

— Monsieur, depuis que mon mari a quitté la maison, il n'est pas revenu…

Dessio ne lui dira pas la vérité. Alors il lui a dit d'être patiente et que son mari serait bientôt à la maison. Avec une grande déception, elle est revenue les larmes aux yeux.

Cette nuit-là, elle ne pouvait pas fermer l'œil. La nuit a été longue, mais le jour s'est enfin levé. Son mari n'est pas rentré depuis deux jours. Elle décide d'enquêter et de le retrouver. Elle se promène de quartier en quartier et de chantier en chantier pour s'informer. Tous ceux qui la voyaient se moquaient d'elle. Fatiguée de se promener dans le village, elle décide de se suicider, refusant de vivre sans mari. Les gens l'ont bouleversée, mais elle leur a expliqué pourquoi elle voulait à tout prix s'opter la vie.

Avec quelques conseils de sa famille, elle a compris qu'il faut toujours garder espoir. Comme d'habitude, des rumeurs sur la mort de Oulidehi circulaient. Il a également été dit qu'il pourrait être arrêté par la police pour avoir battu un collègue sur un chantier de construction. Princia ne sait plus quoi croire. Parfois, elle se disait que son mari était mort, mais elle se disait aussi qu'il avait été arrêté par la police. Pour croire la moindre de ces informations, elle s'est rendue à la police. À son arrivée, elle a vu son mari derrière les barreaux. Il avait perdu la forme. L'officier l'a laissée entrer pour le rencontrer. Maintenant, que son mari n'est pas mort, elle doit faire tout ce qu'elle peut pour le faire sortir. Elle a eu l'idée d'emprunter du crédit à sa sœur en Christ. Stéphanie lui a donné vingt mille francs. Elle a couru au poste de police pour plaider auprès du patron de la brigade. Elle fut conduite dans le bureau du commissaire.

— Bonjour Madame, comment puis-je vous aider ?

— Bonjour, Monsieur le commissaire ! Mon mari a été enfermé pendant quelques jours ici dans ce poste de police. J'ai une petite somme d'argent sur moi à vous donner, pour que je puisse rentrer chez nous avec lui.

Le commissaire, voyant l'état de la pauvre dame, ordonna la libération de Oulidehi. Fou de joie, Princia revint avec son mari.

*

*   *

L'ancien temps était meilleur que le présent. Oulidehi perd son petit boulot. Mais l'économie de cent francs CFA donnait alors une somme de trois mille francs CFA. Princia a commencé à conclure des accords avec l'économie. Lorsque sa marchandise s'est vendue, elle fait un bénéfice de mille francs par vente. C'est l'accord qui les a nourris du jour au lendemain. À cette époque, sa marchandise se portait bien car elle n'avait pas de concurrents au village. Les habitants du village ne sont pas intéressés par le commerce.

Toujours à la recherche d'un emploi, pour la protection du centre de santé du village, une infirmière est venue recruter cinq jeunes. Oulidehi a commencé à travailler au centre de santé. L'accord de Princia a suscité l'envie de beaucoup. Elle a utilisé l'argent de l'entreprise pour rembourser toutes ses dettes.

Au bout d'un moment, une chose surprit Oulidehi quand il vit que sa femme vomissait et dormait énormément les journées. Princia a fini par embaucher une jeune fille pour l'aider à vendre car elle ne pouvait plus s'occuper de toutes les tâches à la maison et sur le lieu de vente. Elle n'avait rien dit à son mari au sujet de sa grossesse. Elle voulait le surprendre avec cette nouvelle. Le bonheur s'installait peu à peu chez eux. Mais attention ! Ce que le diable donne, il le reprend.

Un matin, Princia s'est réveillé et a commencé à remercier Dieu pour sa miséricorde. Elle parlait de tous les miracles que Dieu avait faits dans sa vie.

Elle le remercie parce qu'il avait juste enlevé la honte de son visage. Après avoir dit les mots heureux, elle a appelé son mari et lui annonça la bonne nouvelle. Avant qu'elle ne finisse de lui donner toute la nouvelle, il commença à faire des gestes joyeux. Il alla raconter à ses amis cette grâce qui venait de se manifester chez lui. À partir de ce moment, il a compris que la patience est la voie d'or et que Dieu n'oublie jamais ses propres enfants.

Les jours passent si vite. Oulidehi a ordonné à sa femme de rester à la maison et de laisser l'enfant se porter bien. Elle n'a plus à faire le travail acharné. Il se dit que sa femme venait de lui prouver son amour. Maintenant, il peut être compté comme l'un des pères de ce monde.

Neuf mois plus tard, Princia a donné naissance à une fille, qu'elle a nommé Jasmine. Tout le monde a été stupéfait de voir la fille de Princia, qu'ils avaient autrefois crue stérile. Le plan de Dieu a toujours été différent de celui de l'homme. C'était la volonté de Dieu que le sacrifice du féticheur soit exaucé, mais attention à ce qui suit, car Dieu est lent à la colère. Croyez-en donc en qui vous croyez, le bon Dieu.

Quelques années plus tard, Jasmine avait six ans. Et son père l'a mise à l'école. Il l'accompagnait toujours en classe avant de faire quoi que ce soit. Elle était pour lui un signe de victoire car elle était sa fierté. La jalousie assombrit le cœur des villageois. Ils croyaient que la vie d'Oulidehi tournerait toujours autour des problèmes et de la misère. Les désaccords n'existaient plus quand chacun savait que la vie est un combat dont il faut sortir vainqueur. Mais à cette époque, la sorcellerie se répandit dans toute la région. L'idée de posséder une grande richesse était l'objectif de beaucoup. Une femme étrange apparait dans le village, avec l'intention de sacrifier aux dieux des ténèbres du sang humain pour être vachement riche et puissante. Elle a demandé à accompagner les enfants à la ville comme excuse pour aider les villageois. Et en ce temps-là, aller à la ville était le rêve de tout le monde.

Les villageois, ne comprenant pas le jeu de la femme, oubliant que le diable avait conquis le monde, laissèrent leurs enfants entre les mains de la mystérieuse dame. Elle emmena tous les enfants qu'on lui avait confiés. C'était une joie pour elle d'avoir eu un bon nombre d'enfants. Cependant, il y avait quelqu'un dans le village qui savait ce que la femme faisait avec les enfants. À la ville, la femme tue tous les enfants. Elle n'en a laissé aucun. C'était très triste de voir des gens verser du sang humain. Le pouvoir d'avoir une grande richesse a poussé beaucoup de gens à verser le sang des innocents…

Après de longs mois, la nouvelle année scolaire est enfin arrivée. La femme n'est pas encore revenue avec les enfants. Princia était très inquiète pour sa fille. Ils ont fait une très grosse erreur en laissant leurs enfants entre les mains de cette femme. Des rumeurs circulaient encore dans le village. Ça devient sérieux et effrayant. Des plaintes étaient enregistrées partout où il y avait un poste de police. Grâce aux autorités de toute la région, ils ont réussi à attraper la femme. Désabusée par ses crimes, la police la laisse entre les mains des villageois. Ils ont décidé que la femme devait être tuée devant tout le village. Ils l'ont lié à un grand fromager. Au bout de quelques instants, la femme reçoit le fruit de sa semence. Certains jeunes décidèrent de la violer. Mais pour d'autres, ils voulaient qu'on la découpe pas à pas pour qu'elle ressente elle aussi la douleur de leur meurtre. Au-dessus du bruit, Poépké, fils du village, a pris la parole et dit :

Chers habitants, écoutez ! Cette femme qui nous complique la tâche doit être tuée comme elle l'a fait à nos enfants…

Quant à la femme, au début elle n'avait peur de rien. Zoé était son complice. Elle lui a donné une grosse somme d'argent pour convaincre les parents.

Enfin, ils ont eu une idée. Ils ont tous décidé de la découper. Et lui arracher la tête. Voyant tous les villageois courir vers elle avec des armes blanches elle leva le doigt pour révéler son pauvre complice.

- Chers parents !

Un homme cria dans la foule :

— Qui sont tes parents ? Si nous étions tes parents, pourquoi nous blesses-tu autant ? Oh quelle malédiction !

La femme parlait toujours.

Je ne suis pas la seule à faire ça !

— Qui d'autre était avec vous ? Dis-le nous maintenant, femme criminelle !

Les villageois se sont interrogés ; qui pourrait être complice d'un tel acte ? Ils ont ordonné que personne ne quitte la foule pour trouver un complice.

— Je l'ai arrangé avec l'un de vos frères, dit-elle.

— Alors, qui est-il ? Dites-nous !

Ce jeune homme est parmi vous.

Un jeune homme sortit de la foule et la frappa.

— Nous vous avons assez écouté ! Dites-nous maintenant qui c'est, ou ce sera une autre série de commérages…

C'est un jeune qui… Nom… Euh…

Parlez pour que nous puissions vous entendre !

— Voici, c'est Zoé ! Il était là avec moi.

Tout le monde a été surpris d'entendre cela. Les villageois ont attrapé le complice et ligoté la dame. Maintenant l'heure est venue où ils périront. Un fouet résonna dans leurs dos et des pierres furent lancées de gauche à droite. Princia, la mère de Jasmine, après l'avoir battue, a pris le pilon qu'elle laissa sur la tête de la dame.

— Savez-vous combien il m'a été difficile d'avoir cet enfant ? Savez-vous comment j'ai supporté les insultes de mon mari ?

Elle maudit la dame. Immédiatement, toute la foule a attrapé des choses qui pouvaient faire mal. Ils les ont découpés.

Pardonnez-nous ! Pour l'amour de Dieu !

— Conduisons Satan en Enfer ! Disait la

foule.

— Vivons pour l'amour de Dieu…

Allez en enfer… !

Soudain, ils n'ont plus entendu de mots. Les gens du village coupaient du bois et les brulaient et ils rentrèrent tous tranquillement chez eux pour se consoler.

Cette douleur a causé un cancer au cœur de Princa. Elle ne pouvait plus manger la même chose que son mari. La nuit, ils se consolaient. Oulidehi ne voulait plus de fille parce que ce n'était pas une option pour lui d'avoir une fille. Se disait-il.

Après un certain temps, sa femme est de nouveau tombée enceinte. Il était heureux mais inquiet que ce soit encore une fille.

Neuf mois plus tard, elle accouche d'une fille qu'elle nomme Séatizy, ce qui signifie en langue Wê : le temps de la souffrance est révolu.

Quant au père, il détestait son enfant à cause de son genre. Séatisy était très gentille. Elle avait la même peau pâle que sa mère et les mêmes manières que sa défunte sœur. Enfant, sa beauté attirait beaucoup de monde.

Après de nombreuses années, Séatizy avait douze ans. Elle a toujours très bien réussi en classe. Elle a toujours terminé première. Malgré cela, son père ne l'aimait toujours pas. Le jour est venu où

Séatizy a demandé à sa mère pourquoi son père la détestait. Princia parla et lui raconta tout ce qui s'était passé. Lorsqu'elle eut fini de lui expliquer, Séatizy se mit à pleurer.

Vers 18 heures, Oulidehi revient du travail fatigué. Il a demandé à sa fille de venir lui enlever ses chaussures, et elle profite pour lui dire :

— Père ! Je sais que cette douleur est plus forte que toi. Mais au lever du soleil, tu es mon père ; à la fin de la journée, tu es mon père. Je n'en ai pas trouvé d'autre ailleurs. Je voulais juste savoir pourquoi tu ne m'aimes pas ? Suis-je la raison de vos échecs ?

— Quelles sont ces paroles, fille de malheur !

— Pardonne-moi, mon père, si je t'ai offensé. Mais je voudrais savoir quand tu m'aimes, pour que je ne puisse jamais te pointer du doigt : est-ce mon propre père ?

— Assez de tes bêtises !

— Papa, tu dois m'aimer comme les pères de mes camarades de classe aiment leurs enfants. Malgré tout, je suis ta fille et je serai ta fille jusqu'à la fin du monde qui se meurt jour après dans les crises…

Elle pleurait chaque fois qu'elle trouvait ses compagnes parler de ce que leurs parents leur offraient comme preuve de leur amour. Elle a passé tout le temps à pleurer. Parfois, elle avait mal au cœur. Une nuit, Oulidehi appela sa fille et lui dit :

— Ma fille, je t'aime parce que tu es mon enfant ! Aucun père ne t'aimera à ma place, si ce n'est moi. Mais tu ne comprends pas la douleur qui attaque mon cœur jour et nuit… À ton quatorzième anniversaire, je te montrerai mon amour. Je t'offrirai un cadeau que tu n'oublieras jamais. Arrête de pleurer, ma fille…

À cette époque, Séatizy avait treize ans. Le temps a filé et les voici à une semaine du jour de son anniversaire et toujours à la recherche d'une meilleure vie. La petite Séatizy avait un problème cardiaque. On parlait de remplacer le cœur parce qu'il ne pouvait plus fonctionner longtemps. Oulidehi et sa femme ont tout fait pour sauver la vie de leur fille, mais malheureusement tout a échoué. Par conséquent, il décide de mourir pour sa fille. Il décide de donner son cœur pour sauver la vie de sa fille, qu'il aimait désormais. Princia était contre l'idée, mais Oulidehi lui dit :

J'aime ma fille et je lui donne ce cœur en moi.

— Non chéri ! Ne le fais pas… Elle fondait en larmes.

— Je fais ça pour qu'elle sache que je l'aime et que je l'aimerais si je vivais.

— Oh mon Dieu ! Nous ferons des enfants tant que nous vivons… Pourquoi les malheurs nous arrivent-ils toujours ? Somme-nous le mauvais échantillon de Dieu ?

— Laissez-moi faire. Dis à ma fille que je l'ai fait pour elle ; oui pour elle… Car je l'aime et je l'aimerais même dans l'au-delà s'il y a de la vie là-bas.

Après avoir parlé à sa femme, il est parti et s'est rendu à l'hôpital. Il y rencontre son ami d'enfance, avec qui il était sur les bancs à l'école primaire. Quand son ami l'a vu, il a su que quelque chose n'allait pas chez lui.

– Bonjour Oulidehi ! Où vas-tu ce matin, aujourd'hui c'est ton jour de repos ?

— Bonjour mon ami ! Je vais chez le médecin pour qu'il me prête des pilules pour me soulager. Mais après ça, je ne serai plus là à tes côtés, mon ami. Quand je partirai, ne manquez pas de prendre soin de ma pauvre famille.

— Mais où vas-tu ?

— Quand… Au faite… ! Ne vous inquiétez pas !

Déjà au centre de santé, il est allé voir sa fille qui était couchée sur lit d'hôpital et l'a embrassée et part en pleurant. Il est allé sur le blog de chirurgie et les chirurgiens se préparaient à faire leur travail. Soudain, sa femme claque la porte et entre dans la pièce sans autorisation. Elle lui a demandé de ne pas le faire. Pensant que le mari pour lequel elle souffrait sera bientôt plus qu'un souvenir, Princia soupira. Elle avait versé tout son amour sur cet homme et aujourd'hui il veut disparaitre comme une fumée que le vent impétueux disperse dans les airs. Elle s'est dit que la vie n'était qu'un rêve passionnant qui nous plonge dans l'illusion de nos pensées. Être témoin de cela aurait pu lui couter la vie, alors les médecins et les chirurgiens l'ont fait sortir et ont pratiqué l'opération. Princia rentra chez elle en pleurant. D'autres douleurs dans son cœur ne lui donnaient pas la force de parler à qui que ce soit.

Enfin tout est prêt. Le cœur a été changé. Au bout d'un moment, Séatizy a récupéré la vie et les sagefemmes l'ont ramené à la maison après un bon moment passé à l'hôpital.

Elle rentre chez elle accompagné des sages, ne sachant pas quelle nouvelle l'attend. Le cadeau que son père devait lui offrir l'attendait en lieu sûr. Elle se dépêcha de marcher sur le sol de la cour. Après avoir marché une minute, elle frappe à la porte du salon.

Elle remarqua le silence autour d'elle dans la maison. Rien ne bouge ; Comme si l'endroit avait été visité par l'esprit de la mort. Tout était rangé. Seuls ses cahiers gisaient sur les vieux fauteuils. Le vent a un peu poussé la porte. Séatizy sursauta de peur. Tout ne lui semble pas normal. Voyant le silence, qui l'inquiétait beaucoup, elle appela sa mère :

— Mère ! Je suis guérie ! Et mon père ?

Il y avait toujours le silence.

Mère réponds-moi, où es-tu ? Je sais que tu es là. Voulez-vous vraiment jouer à ça ?

Il n'y a pas de bruit dans la maison, il y a un silence complet. Tout à coup, elle entendit une voix basse lui parler ; voici c'est sa mère :

— Oui, ma fille… Me voici ! Je suis là !

— Maman, que se passe-t-il ?

— La situation est sérieuse maintenant… Dit la mère.

— Et mon père ?

— Ô mon Dieu ! Non… Non…

Elle ne pouvait plus se contrôler. Elle est allée vers sa fille en pleurant. Comment dirait-elle cela à sa fille qui attend chaque nuit le cadeau de son père ?

— Mère, dis-moi vraiment ce qui se passe !

— Ma fille, ton père vient de t'offrir un merveilleux cadeau, mais douloureux…

— Alors, où est-il ? Cria-t-elle, ne sachant pas à quoi elle avait affaire.

— Ne te précipite pas… Elle pleure. C'est un cadeau que tous les pères ne peuvent pas offrir à leurs enfants, mais ton père l'a fait.

— Maman, je veux savoir de quoi tu parles ! Quel est ce cadeau qui te met la larme à l'œil ? Demanda sa fille.

— Ce cadeau doit être gravé à jamais sur les murs de ton cœur et être un douloureux et merveilleux souvenir.

La fille s'est fâchée et n'a plus voulu écouter sa mère.

— Ma fille reviens ici et écoute-moi ! Je suis ta mère.

— Mère, je t'écoute ! Lentement.

— À cause de l'amour que ton père portrait pour toi ; de savoir qu'il t'aimait, il t'a donné…

— Maman, vas-y…

— Il t'a donné… Il t'a donné… Son cœur pour te garder en vie…

— Pourquoi maman !

— Tu as eu un problème cardiaque et il était obligatoire de remplacer ton cœur par un autre. Alors il a décidé de donner son cœur, car il n'y avait pas d'autre solution qui pouvait sauver ta vie, que le sacrifice de ton père. J'ai vu…

Séatizy est tombé aux pieds de sa mère. Alors Princia a également abandonné son fantôme en larmes à cause du poison qu'elle a bu avant l'arrivée de sa fille.

Enfin, c'est le cadeau douloureux ou encore le cœur que Séatizy a arraché à son père.

Séatizy continuera-t-elle à vivre sans ses parents ou devra-t-elle aussi se suicider ? Mais si elle le fait, le sacrifice de son père sera alors sans valeur…

Cette histoire est tirée d'un fait bien réel !

Fin

Oscar yedjè

J'ai arraché le cœur de mon père

Printed by Books on Demand GmbH, Norderstedt / Germany